2 3 4 5

6 7 8

9 10 11 12/13

14 15 16 17 18 19 20 21 22

23 24 25 26/27 28 29 30 31 32 33

34 35 36 37 38 39 40/41 42 43

44 45 46 47 48 49 50 51 52 53

54 55 56 57 58 59 60 61 62/63

Hallo! Ich bin Anoki.
Für jede Seite, die du fertig hast,
malst du eine Feder aus.

Nomen (Substantive) haben einen Artikel. Manchmal sind die Artikel versteckt.
Emma geht ins Haus. – in das Haus

▶ Kreise alle Nomen (Substantive) ein. Schreibe die Sätze auf.

DER JUNGE GEHT ZUR SCHULE.

DER FISCH SCHWIMMT IM SEE.

DAS MÄDCHEN BEKOMMT EIN BUCH ZUM GEBURTSTAG.

BEIM TIERARZT WIRD DER HUND UNTERSUCHT.

Nomen erkennen

Adjektive und Verben können als Nomen (Substantive) verwendet werden.
gelb – das helle Gelb, rennen – das Rennen

▶ Kreise alle Nomen (Substantive) ein. Schreibe die Sätze auf.

DAS KOCHEN VON MARMELADE IST EINFACH.

BEIM RECHNEN IST GENAUIGKEIT GEFRAGT.

DIE KINDER MESSEN DIE LÄNGE DES WEGES AB.

DAS ROT DER KIRSCHEN GEFÄLLT MIR.

▶ Setze die passenden Pronomen (Fürwörter) ein.

Oles Vater ist Jäger. Häufig geht ________ in den Wald und beobachtet das Wild.

Seine Hündin heißt Bella. ________ ist eine gute Jagdhündin.

Heute darf auch Ole mit. Auch ________ liebt die Morgenstimmung im Wald.

Ganz still sitzen ________ auf dem Hochsitz und hören, wie der Wald langsam erwacht.

In der Dämmerung sehen ________ dann die ersten Tiere.

Ob heute der Hirsch zu sehen ist? ________ soll ein prächtiges Geweih haben.

Da knackt es im Gebüsch und ________ taucht auf.

Bella spitzt die Ohren, doch ________ bleibt ganz still.

Ole ist begeistert. Jetzt freut ________ sich auf ein kräftiges Frühstück.

▶ Setze die passenden Pronomen (Fürwörter) ein.

Das Pferd lahmt, da ________ sich am linken Vorderlauf verletzt hat. Der Tierarzt untersucht ________ vorsichtig.

Paul und ich sind als Klassensprecher gewählt worden. In der nächsten Woche treffen ________ uns im Schülerrat. ________ bin schon neugierig.

Max ist im Schwimmverein. Aber jetzt gibt ________ Nachmittagsunterricht. ________ hofft, dass ________ trotzdem noch hingehen kann.

Lisa und Fatma haben einen Auftritt mit ihrem Chor. ________ sind schon aufgeregt.

Timo kann viele Nadelbäume an ihren Zapfen erkennen. ________ ist gespannt auf Marias Mitbringsel. ________ hat Pinienzapfen aus Italien mitgebracht.

Nomen durch Pronomen ersetzen

Wenn du Erwachsene mit „Sie“ ansprichst, verwendest du die Höflichkeitspronomen **Sie, Ihrer, Ihnen, Ihr, Ihre** und **Ihren.** Sie werden in Briefen großgeschrieben.

▶ Setze die Höflichkeitspronomen ein. | Sie | Ihrer | Ihnen | Ihr | Ihre | Ihren |

Liebe Eltern,

die Klasse 4b möchte ________ gerne zu einer gemeinsamen Nachlese unserer Klassenfahrt einladen. Wir wollen ________ einen Einblick in unsere erlebnisreiche Woche geben. Auch kulinarisch wollen wir ________ verwöhnen und einen Beitrag für das Büfett liefern. Es wäre schön, wenn ________ ________ Lieblingssalat oder ________ Lieblingsnachspeise mitbringen könnten.

Wir erwarten ________ am 7. Oktober um 17 Uhr in der Mensa unserer Schule.

Viele Grüße

________ Klasse 4 b

▶ Sie oder sie? Setze passend ein.

Sie	Ihr	Ihnen	Ihre	Ihren	sie	ihre

Sehr geehrte Frau Wiese,

wir haben erfahren, dass ________ ________ 20-jähriges Dienstjubiläum feiern.

Wir glauben, es macht ____________ immer noch Spaß. Wie waren die Kinder früher?

Wie haben __________ lesen gelernt? Haben ________ immer die Hausaufgaben gemacht?

Haben ________ schon damals Lesewettbewerbe organisiert? Ist Lehrerin ________

Traumberuf? Wir würden uns freuen, wenn ________ uns im Sachunterricht einmal

besuchen könnten. Wir werden auch unsere Eltern fragen, woran ________ sich erinnern.

Bitte sagen ________ uns, ob und wann ________ kommen möchten.

Es grüßt ________ herzlich

____________ Klasse 4 a

Nomen (Substantive) können im Satz in 4 Fällen stehen.
Der Wind weht aus Westen. **Wer oder was** weht? der Wind – 1. Fall (Nominativ)
Die Strahlen der Sonne beleuchten den Mond. **Wessen** Strahlen beleuchten den Mond? der Sonne – 2. Fall (Genitiv)
Die Tasche gehört dem Jungen. **Wem** gehört die Tasche? dem Jungen – 3. Fall (Dativ)
Wir nehmen den Bus. **Wen oder was** nehmen wir? den Bus – 4. Fall (Akkusativ)

▶ Frage nach den unterstrichenen Nomen (Substantiven).

Der Regen prasselt auf das Dach. Wer oder was prasselt?

Die Beute der Räuber war in einer Höhle versteckt. ______

Dem Blitz folgt der Donner. ______

Jule liebt Vanilleeis. ______

Die Katze fängt eine Maus. ______

Der Gärtner gießt die Blumen. ______

Der Film gefällt den Kindern. ______

▶ Unterstreiche das Nomen (Substantiv) im richtigen Fall.

1. Fall (Nominativ)	Der Weg führt am See entlang.
	Mittags scheint die Sonne am wärmsten.
	Im Gewimmel am Bahnhof ist Oma kaum zu erkennen.
2. Fall (Genitiv)	Die Wurzeln des Löwenzahns können sehr lang werden.
	Das Ufer des Sees ist im Nebel schlecht zu erkennen.
	Die Strahlen der Märzsonne wärmen schon.
3. Fall (Dativ)	Der starke Regen hat dem Weg geschadet.
	Der Vater gibt Paula das Taschengeld.
	Carla nimmt dem Pony den Sattel ab.
4. Fall (Akkusativ)	Im Frühjahr werden die Gärtner den Weg reparieren.
	Max hat Fieber.
	Olga mag Esel.

▶ Setze Nomen (Substantiv) und Artikel im richtigen Fall ein.

____________________ (Sonne) lässt den letzten Schnee schmelzen.

Die Strahlen ____________________ (Sonne) erwärmen den Boden.

Eine Sage erzählt, dass Ikarus mit seinen selbst gebauten Flügeln

____________________ (Sonne) zu nahe kam.

Ohne ____________________ (Sonne) gäbe es kein Leben auf der Erde.

____________________ (Wasser) sprudelt aus der Quelle.

Der Weg ____________________ (Wasser) führt durch das Tal.

Seife und Chemikalien schaden ____________________ (Wasser).

Die Menschen brauchen ____________________ (Wasser) zum Leben.

▶ Setze Nomen (Substantiv) und Artikel im richtigen Fall ein.

______________________ (Winter) bringt Schnee.

Die Klassensprecher handeln im Auftrag ______________________ (Klasse).

Wegen ______________________ (Schleife) wirkt ______________________

(Geschenk) besonders prächtig.

______________________ (Robben) folgen ______________________

(Tierpfleger) bis zum Futterplatz.

______________________ (Fell) ______________________ (Katze) ist ganz weich.

______________________ (Kühe) finden alleine ______________________ (Weg).

In der Pause spielen ______________________ (Kinder) auf ______________________

(Schulhof).

______________________ (Zuschauer) belohnen

______________________ (Schuss) auf das Tor mit Applaus.

Typisch Anoki

Anoki hat Muna eine Nachricht geschrieben, aber irgendetwas stimmt da nicht.
Anoki kann es nicht lassen. Er muss seine Briefe immer zu Rätseln machen.
Zum Glück fallen aus dem Umschlag noch ein paar Zettel mit Wörtern heraus.

Hallo Muna,
morgen wollen wir sie backen.
Sie zeigt uns, wie er gemahlen wird und wie er hergestellt wird. Sie werden dann auf heißen Steinen gebacken. Dazu werden sie im Feuer erhitzt. Wir dürfen es anmachen.
Am besten schmecken dazu er und er.

Bis morgen
dein Anoki

Sirup | Teig | Fladenbrote | Mais | Steine

Feuer | Honig | Brote | Elans Mutter

▶ Kannst du Muna helfen, die Botschaft zu entschlüsseln?
Ersetze die Pronomen (Fürwörter) und schreibe die passenden Nomen (Substantive) in die Lücken. Manchmal musst du einen Artikel davor setzen.

Hallo Muna,

morgen wollen wir ______________________ backen.

______________________ zeigt uns, wie __________ gemahlen wird

und wie __________ hergestellt wird.

____________ werden dann auf heißen Steinen gebacken.

Dazu werden __________________ im Feuer erhitzt.

Wir dürfen __________________ anmachen.

Am besten schmecken dazu ____________ und ______________

Bis morgen
dein Anoki

▶ Ergänze die Tabelle.
Markiere den Wortstamm.

Grundform	Gegenwart (Präsens)	einfache Vergangenheit (Präteritum)
singen	ich singe	ich sang
klingen	ich	ich
bitten	ich	ich
bringen	ich	ich
ziehen	ich	ich
lügen	ich	ich
frieren	ich	ich
tragen	ich	ich
wollen	ich	ich

▶ Ergänze die Tabelle.
Markiere den Wortstamm.

Grundform	Gegenwart (Präsens)	zusammengesetzte Vergangenheit (Perfekt)
fragen	ich frage	ich habe gefragt
sehen	ich	ich
laufen	ich	ich
erzählen	ich	ich
träumen	ich	ich
trinken	ich	ich
sprechen	ich	ich
gehen	ich	ich
springen	ich	ich

▶ Schreibe die Sätze in der einfachen Vergangenheit (Präteritum) auf.

Meine Turnschuhe passen nicht mehr.
Meine Mutter geht mit mir in die Stadt.
In dem großen Sportgeschäft haben sie die größte Auswahl.
Aber es ist gar nicht so einfach. Endlich finden wir einen Schuh, der passt.
An die Farbe muss ich mich gewöhnen. Er strahlt in einem ziemlich auffälligen Lila.
Meine Mutter braucht danach einen Kaffee und ich bekomme ein Eis.

▶ Schreibe die Sätze in der zusammengesetzten Vergangenheit (Perfekt) auf.

Heute gehe ich mit meinem Onkel schwimmen.
Wir packen unsere Badesachen ein.
Wir fahren mit dem Auto auf der Landstraße. Dann biegen wir endlich in einen Waldweg ein.
Nach ein paar Schritten sehen wir vor uns den See.
Ich laufe ins flache Wasser. Dann schwimmen wir auch ein bisschen.
Es macht viel Spaß.

Verben können in verschiedenen Zeitformen stehen.
Die Zeitform Zukunft (Futur) zeigt an, dass etwas in der Zukunft passieren wird.
Sie wird mit dem Hilfsverb werden und einem Verb in der Grundform gebildet.
Heute **werde** ich zu Hause **bleiben**. Es **wird regnen**.

▶ Ergänze die Tabelle. Markiere den Wortstamm.

Grundform	Gegenwart (Präsens)	Zukunft (Futur)
reisen	ich reise	ich werde reisen
schwimmen	du	du
winken	er	er
besitzen	wir	wir
arbeiten	ihr	ihr
fliegen	sie	sie

Die Zukunft (Futur) kannst du auch mit einem Verb in der Gegenwart (Präsens) und einer Zeitangabe ausdrücken.
Lisa besucht uns **morgen**. **Im Sommer** fahren wir nach Dänemark.

▶ An welchen Wörtern kannst du erkennen, dass das Ereignis in der Zukunft liegt? Unterstreiche.

Max macht in drei Wochen seinen Segelschein.

Im nächsten Schuljahr bekommen wir eine neue Lehrerin.

In 100 Jahren wohnen bestimmt Menschen auf dem Mond.

Nachher treffen wir uns mit unseren Freunden im Zoo.

Nächste Woche gehen wir ins Theater.

Paulines Schwester kommt nach den Sommerferien in die Schule.

▶ Schreibe passende Vergleiche.

gesund	Tomaten sind ______________________ Pommes.
flink	Das Reh ist ______________________ Wind.
süß	Cola ist ______________________ Tee.
kalt	Eis ist ______________________ Wasser.
langsam	Timo ist ______________________ eine Schnecke.
hungrig	Ich bin ______________________ ein Löwe.
schön	Dein Bild ist ______________________ mein Bild.
stachlig	Kastanien sind ______________________ Igel.

▶ Bilde Sätze.

scharf – Messer – Schere	steil – Berg – Hügel
laut – Flöte – Trompete	komisch – Akrobat – Clown
blau – Himmel – Meer	teuer – Fahrrad – Playstation

▶ Ergänze die Sätze.

Im Sommer ist es ________________________ im Winter.

Zitronen sind ________________________ Orangen.

Metall ist ________________________ Gummi.

Die Feder ist ________________________ ein Blatt.

Im Mai ist es ________________________ im Juni.

Erdnüsse sind ________________________ Chips.

Das Brötchen ist ________________________ der Kuchen.

Der Baum ist ________________________ der Kirchturm.

Früchtetee schmeckt ________________________ Pfefferminztee.

▶ Bilde Sätze.

_____________________ ist schneller als _____________________.

_____________________ ist so groß wie _____________________.

_____________________ ist wärmer als _____________________.

_____________________ ist so winzig wie _____________________.

_____________________ ist länger als _____________________.

_____________________ ist so stark wie _____________________.

_____________________ ist gelenkiger als _____________________.

_____________________ ist so sauer wie _____________________.

_____________________ ist so teuer wie _____________________.

Mit Präpositionen (Verhältniswörtern) kannst du ausdrücken, wann etwas geschieht und wo etwas ist.

vor der Pause, **an** Weihnachten, **hinter** dem Haus, **auf** dem Baum

► Ergänze die Sätze.

Der Akrobat läuft __________ den Händen.

Das Baby bohrt __________ der Nase.

Emilio geht __________ seinen Eltern.

Oskar läuft __________ die Brücke.

Die Katze liegt __________ der Heizung.

Der Hamster kriecht __________ den Schrank.

Ergänze die Sätze.

am	an	aus	im	nach	neben	über	vor	zwischen

Ayshe wartet ________ der Ampel, bis es grün wird.

Sie möchte ________ die Straße gehen.

________ der Schule stürmen alle Kinder ________ dem Klassenzimmer.

Kevin drängelt sich ________ den anderen Kindern hindurch.

Er will ________ dem Mittagessen noch auf die Toilette.

Der Schulbus hält genau ________ Straßenrand.

Lisa setzt sich ________ Bus ________ ihre Freundin.

Die Wegbeschreibung

Muna und Anoki wollen Freunde im Nachbardorf besuchen.
In ihrer Wegbeschreibung fehlen jedoch wichtige Angaben.
Anoki hat eine Skizze gemacht, wird aber auch nicht mehr schlau daraus.

____________ dem letzten Zelt müsst ihr ____________ abbiegen und ____________ den drei Kakteen gehen. Dann lauft ihr ________ Flussufer bis zur Brücke.

Geht ____________ die Brücke und dann _______________ bis zum See.

____________ dem See seht ihr auch schon unser Dorf liegen.

Im zweiten Zeit wohnen wir. ____________ dem Eingang liegt ein bunter Teppich.

▶ Ergänze die Wegbeschreibung.

nach	neben	bis zu	am	hinter	geradeaus	über	rechts

▶ Ergänze die Tabelle. Markiere den Wortstamm in allen Wortarten.

Wortstamm	**Nomen**	**Verb**	**Adjektiv**
schmutz			schmutzig
wasch			abwaschbar
staub	Staubsauger		
trink	Getränk		
schaum	Schaumbad		
lohn			lohnend
glatt			spiegelglatt
fühl			fühlbar

Wortfamilien erkennen

▶ Ergänze die Tabelle. Markiere den Wortstamm in allen Wortarten.

Wortstamm	**Nomen**	**Verb**	**Adjektiv**
sorg			
tanz			
gift			
salz			
frucht			
farb			
rat			
holz			

Bilde Nomen (Substantive) mit den Nachsilben -ung, -heit, -keit, -nis, -schaft und -tum. Unterstreiche den Wortstamm gelb und die Nachsilbe blau.

bilden	die Bildung	frei	
heiter		verstehen	
Freund		Brauch	
meinen		verwandt	
pünktlich		selten	
erleben		wachsen	
Kleid		möglich	
Land		gefangen	
reich		berühmt	
erkälten		eigen	

▶ Setze passende Nomen (Substantive) ein.

In der Buchhandlung gibt es eine tolle ______________________ (beraten).

Der Verurteilte muss ins ______________________ (fangen).

Der Schmuck ist Omas ______________________ (eigen).

Wir nutzen jede ______________________ (möglich), um in den Zoo zu gehen.

An einer ______________________ (kreuzen) müssen wir die Vorfahrt beachten.

Die beiden Freunde teilen ein ______________________ (geheim).

In unserer Klasse sind die Mädchen in der ______________________ (mehr).

Wir wandern gerne in der ______________________ (umgeben).

Kolja kann sich viel merken. Er hat ein gutes ______________________ (denken).

Mit Vorsilben kannst du die Bedeutung von Nomen (Substantiven) verändern:
der Ruf – der Anruf, der Einkauf – der Verkauf, das Glück – das Unglück, ...

▶ Bilde Nomen (Substantive). Markiere die Vorsilbe.

un-	an-	ab-	um-	über-	ver-	vor-	durch-	auf-

Bau	der Umbau, der Anbau	Fluss	______
Zug	______	Ruf	______
Ordnung	______	Zahl	______
Kleidung	______	Schrift	______
Spiel	______	Führung	______
Gang	______	Hang	______
Weg	______	Schlag	______
Fall	______	Sinn	______

▶ Setze Nomen (Substantive) mit passenden Vorsilben ein.

Von dem hohen Turm haben wir eine tolle ~~sicht~~ __________ (Sicht).

Karla steckt den Brief an Oma in einen ~~umschlag~~ __________ (Schlag).

Das Wasser läuft nicht ab, denn der ~~Fluss~~ __________ (Fluss) ist verstopft.

Wir klettern den steilen __________ (Hang) hinunter.

Jan packt für den __________ (Zug) seine Spielsachen in große Kartons.

Wanda kommt zu spät, weil sie einen __________ (Weg) gemacht hat.

Mesut hat einen __________ (Ruf) auf dem Handy bekommen.

Wir müssen __________ (Fall) vermeiden, um unsere __________ (Welt) zu schützen.

Der __________ (Hang) schließt sich am Ende der __________ (Führung) im Theater.

Mit den Nachsilben -ig, -lich, -bar, -sam, -haft und -voll kannst du Adjektive bilden:
der Riese – riesig, die Angst – ängstlich, die Sicht – sichtbar, der Rat – ratsam,
das Rätsel – rätselhaft, der Eindruck – eindrucksvoll

▶ Bilde Adjektive und markiere die Nachsilbe.

der Schein	______	die Ehre	______
der Schreck	______	der Bruder	______
der Schimmel	______	aufmerken	______
sparen	______	der Ritter	______
die Wolke	______	essen	______
ekeln	______	das Grauen	______
der Saft	______	die Natur	______
der Stand	______	die Seite	______

▶ Bilde Adjektive und markiere die Nachsilbe.

danken	______	lieben	______
nutzen	______	der Zufall	______
der Rand	______	der Staub	______
das Mehl	______	hören	______
der Witz	______	das Wort	______
die Gefahr	______	teilen	______
trösten	______	der Zweifel	______
das Herz	______	wirken	______
erholen	______	die Mutter	______
die Lösung	______	die Fantasie	______
der Schwung	______	schmerzen	______

▶ Bilde zusammengesetzte Wörter. Gib die Wortarten an:
Nomen (N), Adjektiv (A), Verb (V).

gold + Regen – der Goldregen (A + N)

Kerze + gerade – ______

Gras + grün – ______

Suppe + Huhn – ______

sauer + Stoff – ______

voll + Milch – ______

streichen + zart – ______

schwimmen + Becken – ______

spielen + Platz – ______

Zusammengesetzte Wörter bilden

▶ Aus welchen Wörtern sind diese Wörter zusammengesetzt?
Schreibe die Wörter auf und gib die Wortarten an: Nomen (N), Adjektiv (A), Verb (V).

hauchdünn – der Hauch (N), dünn (A)

der Silberlöffel – ______

der Merkzettel – ______

hitzefrei – ______

die Trinkschokolade – ______

der Reißverschluss – ______

hochfliegen – ______

kinnlang – ______

der Regenbogen – ______

▶ In der Werbung werden oft zusammengesetzte Wörter verwendet.
Setze passend ein.

Steinofen	Probieren sie unsere ______ Frühlingspizza
ofenfrisch	aus dem ______ .
Powerdrink	Trink dich fit mit dem ______
supercool	______ .
extragroß	Für den gemütlichen Fernsehabend gibt es ______
supergünstig	Meier-Chips in der ______ und
knusperknackig	______ Packung.
Zartbitter	______ Schokolade für den
Hochgenuss	erlesenen ______ .

▶ Welche zusammengesetzten Wörter passen? Schreibe auf und ergänze weitere Wörter.

zartschmelzend | Energiespender | Hochgenuss | Powerdrink | knackignussig

sanftsüß | fruchtigfrisch | gesundheitsfördernd | softcremig

wohlschmeckend | kraftspendend | Powerriegel | vitaminreich

Anoki, Muna und Elan werden beim Sommerfest Fladenbrote verkaufen.
Dazu wollen sie eine Kaktus-Soße und einen Chili-Dipp anbieten.

▶ Erfinde verlockende Werbeplakate.

honigsüß goldgelb Hochgenuss mildaromatisch feurigscharf superknusprig

feuerrot Genussaroma hauchzart

sonnenverwöhnt Bioanbau

pfeffrigscharf energiespendend

Sätze verbinden

Sätze können mit Bindewörtern verbunden werden. Vor dem Bindewort steht ein Komma.
Tim beeilt sich. Es ist schon spät. – Tim beeilt sich, **denn** es ist schon spät.
Wir spielen draußen. Es regnet. – Wir spielen draußen, **obwohl** es regnet.

▶ Verbinde die Sätze mit passenden Bindewörtern. während | deshalb | wenn | denn

Wir gehen ins Kino. Der neue Ritterfilm kommt.

____

Heute gehe ich nicht zur Schule. Ich bin krank.

____

Paula macht Hausaufgaben. Ihr Bruder spielt.

____

Mein Vater verreist. Er packt den Koffer.

____

▶ Verbinde die Sätze mit passenden Bindewörtern.

obwohl	aber	bevor	denn	damit

Achtung: Manchmal musst du Wörter umstellen.
Cara sucht einen Schal. Es ist kalt. –
*Cara sucht einen Schal, **weil** es kalt ist.*

Sara und Simon freuen sich. Sie verreisen.

Ayshe putzt sich die Zähne. Sie geht ins Bett.

Wir rennen schnell. Den Bus erreichen wir nicht mehr.

Oskar cremt sich ein. Er bekommt keinen Sonnenbrand.

Ich gehe morgen zum Arzt. Es geht mir schon besser.

Das **Subjekt** (Satzgegenstand) bestimmst du mit der Frage:
Wer oder was tut etwas?
Das **Prädikat** (Satzaussage) bestimmst du mit den Fragen:
Was tut jemand? oder **Was geschieht?**

Subjekt und Prädikat erkennen

▶ Unterstreiche Subjekt (Satzgegenstand) und Prädikat (Satzaussage) mit unterschiedlichen Farben.

Es regnet schon seit Stunden.

Im Bus sind noch freie Plätze.

Ole kocht gerne Gemüsesuppe.

Lena, Jana und ihre Mütter joggen.

An der Wursttheke stehen viele Leute.

Ben kauft neue Schlittschuhe.

Im Wald wachsen viele Pilze.

Der bunte Ball kostet 5 Euro.

Der neue Pulli passt Fatma gut.

Am Zweig blühen fünf Rosen.

Leon braucht neue Schuhe.

Omas Kekse schmecken lecker.

Das Boot kentert im Sturm.

Der Igel hat spitze Stacheln.

▶ Unterstreiche Subjekt (Satzgegenstand) und Prädikat (Satzaussage) mit unterschiedlichen Farben.

In Opas Keller entdeckt Nina die unterschiedlichsten Dinge.

Früher lagerte Opa Kohlen und Kartoffeln im Keller. Heute braucht er keine Kohlen mehr. Die Kartoffeln sind jetzt oben in der Küche. Aber die Fahrräder stellt er in den Keller. Auch Winterkleidung und Sommersachen verstaut man dort gut. In vielen Kellern findet man alte Matratzen und ausrangierte Möbel. Hier steht nur eine alte Wiege.

Bei Oma und Opa findet Nina Weihnachtsbaumschmuck, eine Osterkiste und eine Kiste mit Faschingskostümen. Auch altes Spielzeug von Ninas Vater lagert hier.

Nina gefällt vor allem die elektrische Eisenbahn.

Die Großeltern nutzen ihren Keller auch als Vorratskeller für eingemachtes Obst und Marmelade. Nina liebt vor allem die Erdbeermarmelade.

▶ Unterstreiche Subjekt (Satzgegenstand) und Prädikat (Satzaussage) mit unterschiedlichen Farben.

Die Zuschauer haben sich auf den Bänken rund um die Manege hingesetzt.

Jetzt öffnet sich der Vorhang. Der Zirkusdirektor tritt heraus. Er begrüßt das Publikum.

Sechs braune Pferde traben jetzt in die Manege. Sechs Akrobatinnen springen geschickt auf die Pferderücken. Dann machen sie Saltos auf den Pferden.

Das Orchester spielt einen Tusch. Ein Paar in glitzernden Kostümen tritt jetzt auf.

Leitern werden von der Zirkuskuppel heruntergelassen. Schon klettern die beiden hinauf.

Sie beginnen unter der Zirkuskuppel zu schwingen. Die Frau lässt ihr Trapez los.

Das Publikum hält den Atem an. Die Akrobatin fliegt durch die Luft.

Dann landet sie unter tosendem Applaus auf dem Trapez ihres Partners.

Setze die Verben passend ein. Unterstreiche Subjekt (Satzgegenstand) und Prädikat (Satzaussage) mit unterschiedlichen Farben.

hineinstolpern	hinfallen	aufstehen	aussehen	klettern	abstauben	lachen	gucken	herausrennen

Nach so viel Aufregung stolpern zwei Clowns in die Manege hinein.

Sie ______ ständig ______. Dann ______ sie sofort wieder ______. Das ______ sehr komisch ______. Jetzt ______ sie mit zwei Staubwedeln auf die Rampe. Sie ______ die Gesichter des Publikums in der ersten Reihe ______. Die meisten Leute ______. Nur ein älterer Herr mit Brille ______ danach etwas grimmig. Unter Bravorufen ______ die beiden aus der Manege ______.

Die **Ortsangabe** bestimmst du mit den Fragen: **Wo?, Woher?** oder **Wohin?**
Die **Zeitangabe** bestimmst du mit den Fragen: **Wann?, Wie lange?** oder **Seit wann?**

▶ Unterstreiche Ortsangaben und Zeitangaben mit unterschiedlichen Farben.

Im Sommer sind wir wieder an der Ostsee.

Dieses Jahr hat mein Vater seinen Geburtstag im Restaurant gefeiert.

Nach der Schule gehen wir in den Garten. Meine Oma kommt später auch dorthin.

Anton sitzt oft schüchtern am Rand.

Jeden Donnerstag besuche ich meinen Freund.

Mittwochs habe ich in unserer Turnhalle Judotraining.

Der Ausflug ins Museum dauert drei Stunden.

Immer wieder ärgern die Kinder Mohamads kleinen Bruder.

Ole hat in der Schule einen Kochkurs gemacht. Er hat dort viel über gesundes Essen gelernt.

▶ Setze die Zeitangaben und Ortsangaben passend ein.

______________ waren wir ______________ . vorgestern | im Museum

______________ gingen wir ______________

mit den riesigen Dinosauriern. in den Saal | zuerst

Die Museumspädagogin erzählte uns, dass ______________

Knochen von Dinosauriern gefunden werden. noch heute

Dabei sind sie ______________ ausgestorben. schon lange

Dann zeigte sie uns, wie die Steinzeitmenschen ______________

______________ lebten. früher | in Höhlen

______________ konnten wir ______________

Steinzeit-Werkzeug basteln. zum Schluss | in der Werkstatt

Nach der **Wem-Ergänzung** (Objekt im 3. Fall) fragst du mit: Wem?
Jana gibt dem Hund Wasser. **Wem** gibt Jana Wasser? **dem Hund**

▶ Unterstreiche die Wem-Ergänzung (Objekt im 3. Fall).

Der Hund gehört der Frau mit dem Hut.

Fatma zeigt ihrer kleinen Schwester einen Zaubertrick.

Meinem Bruder ist das Fahrrad gestohlen worden.

Der blaue Schal gehört mir.

Die Kinder sollen dem Lehrer alle Fragen beantworten.

Jans Mutter hilft dem blinden Mann über die Straße.

Die Klassensprecher übergeben dem Hausmeister einen Brief.

Die Lehrerin dankt Paula, Erkan und Tim für die Pflege des Aquariums.

Jana gratuliert Ben zum Geburtstag.

▶ Setze die Wem-Ergänzung (Objekt im 3. Fall) mit passendem Artikel ein.

Der Zauberer zaubert ______________________ (Mann) die Uhr vom Handgelenk.

Am Ende der Vorstellung applaudiert das Publikum ______________________ (Zauberer).

Die Schulleiterin überreicht ______________________ (Siegerin) die Urkunde.

Lisa stellt ______________________ (Igel) im Garten eine Schale Wasser hin.

Orhan zeigt ______________________ (Besucher) den Weg.

______________________ (meine Mutter) ist das Fahrrad gestohlen worden.

______________________ (Hut) des Robin-Hood-Kostüms fehlt die Feder.

Das Löwenbaby frisst ______________________ (Wärter) aus der Hand.

Der lange anhaltende Regen tat ______________________ (Garten) gut.

Anna sieht ______________________ (ihr Bruder) ähnlich.

Paul ist ______________________ (Tina) versehentlich auf den Fuß getreten.

Nach der **Wen-Ergänzung** (Objekt im 4. Fall) fragst du mit: Wen oder was?
Kim hält den Hund an der Leine. **Wen** hält Kim an der Leine? **den Hund**

Wen-Ergänzung erkennen

▶ Unterstreiche die Wen-Ergänzung (Objekt im 4. Fall).

Marvin vermisst seinen Bruder.

Mein Onkel sieht seine Familie nur am Wochenende.

Jana sucht seit einer halben Stunde ihre graue Katze.

Der Trainer stellt die Mannschaft für das Turnier zusammen.

Ole hat den Becher fallen gelassen.

Abends und nachts hört man den Zug besonders laut.

Oma schaltet abends gerne den Fernseher an.

Beim Basar bieten die Kinder selbst gebackene Kekse an.

Lukas teilt die Karten aus.

▶ Setze die Wen-Ergänzung (Objekt im 4. Fall) mit passendem Artikel ein.

Der Losverkäufer preist lautstark ____________________ (Lose) an.

____________________ (große Teddy) hätte Gregor gerne.

Oma hat ihm ____________________ (Geld) gegeben.

Er kauft ____________________ (drei Lose).

Gregor hat ______________ (Pech). Er zieht nur ______________ (Nieten).

Nebenan öffnet ein Schauspieler ____________________ (Vorhang) des Theaters.

Die kleinen Kinder warten schon auf ____________________ (Beginn).

Am Himmel sieht Gregor ____________________ (Luftballon).

Neben der Geisterbahn entdeckt Gregor ____________________ (Riesenrad).

Gleich wird ____________________ (Schranke) geschlossen.

Gregor rennt und ergattert noch ____________________ (Platz) in der letzten Gondel.

▶ Unterstreiche Subjekt (Satzgegenstand), Prädikat (Satzaussage), Zeitangaben und Ortsangaben in unterschiedlichen Farben.

Heute Morgen bin ich mit Halsschmerzen aufgewacht.

Meine Mutter fuhr mich zum Kinderarzt. Wir mussten lange im Wartezimmer sitzen.

Ein Baby wimmerte vor sich hin. Seine Mutter flüsterte ihm leise etwas ins Ohr.

Ein Vater las seinem Sohn ein Indianerbuch vor. Ich versuchte, der Geschichte zu folgen.

Aber nun hatte ich auch Kopfschmerzen.

Endlich wurde mein Name aufgerufen. Ich ging in das Behandlungszimmer.

Der Arzt tastete vorsichtig meinen Hals von außen ab.

Danach sollte ich den Mund öffnen. Der Arzt untersuchte nun meinen Rachen.

Dann verschrieb er mir Medikamente.

Schnell besorgten wir in der Apotheke die Medikamente.

Ich wollte nur endlich nach Hause in mein Bett.

▶ Unterstreiche Subjekt (Satzgegenstand), Prädikat (Satzaussage), Zeitangaben und Ortsangaben in unterschiedlichen Farben.

Im Sachunterricht planten wir mit der Klasse einen Stadtrundgang.

Unsere Lehrerin wollte zu Fuß ins Zentrum gehen.

Eigentlich fahren wir immer mit der Stadtbahn.

Wir trafen uns um 8.00 Uhr an der Schule. Es war schon morgens sehr warm.

Zuerst gingen wir durch den Stadtwald. Fatma entdeckte eine Kröte unter einem Stein.

Ein Zitronenfalter flatterte durch die Luft.

Mit einem Boot fuhren wir dann über den See.

Nach dem Ablegen frühstückten wir auf dem Boot.

Die nächste Station war das Rathaus.

Vom Rathausturm hatten wir einen guten Überblick.

Zum Schluss gingen wir noch zum Spielplatz.

▶ Bilde mit den Satzgliedern möglichst viele Sätze.

die Kinder	entdeckten	eine Kröte	am Bachufer

Carla	sammelt	viele Blätter	im Wald

▶ Bilde Sätze. Beachte die Reihenfolge der Satzglieder.

| mein Opa | gießt | täglich | die Blumen |

Subjekt Prädikat Wen-Ergänzung Zeitangabe

| die Lehrerin | der Klasse | die Rechenaufgabe | erklärt |

Prädikat Subjekt Wen-Ergänzung Wem-Ergänzung

| dem Hund | das Futter | Tarek | gibt | abends |

Subjekt Prädikat Zeitangabe Wem-Ergänzung Wen-Ergänzung

Satzglieder umstellen

Die wörtliche Rede wird in Redezeichen gesetzt. Der Begleitsatz kann vor oder nach der wörtlichen Rede stehen.
Opa fragt: „Hat dir der Film gefallen?“ „Ja, ich fand den Film toll“, antwortet Linus.

▶ Unterstreiche Begleitsatz und wörtliche Rede in unterschiedlichen Farben.

Oskar sagt zu seinem Vater: „Ich hätte gerne mehr Taschengeld“.

„Ich auch“, erwidert sein Vater. „Nie nimmst du mich ernst“, mault Oskar.

Der Vater entgegnet: „Du bekommst doch alles, was du brauchst.“

„Aber ich möchte selbst entscheiden, wofür ich mein Geld ausgebe“, erklärt Oskar.

Er fährt fort: „Manchmal reicht es, etwas zu flicken und dann kann ich Geld sparen, um mir einen Wunsch zu erfüllen.“ „So überflüssige Sachen wie Fußballbilder?“, vermutet sein Vater.

„Genau“, antwortet Oskar. „Okay, du musst ja lernen, mit deinem Geld umzugehen“, gibt der Vater zu.

▶ Unterstreiche Begleitsatz und wörtliche Rede in unterschiedlichen Farben.

Lisa fragt: „Darf ich heute bei Nele übernachten?“ „Hast du deine Hausaufgaben fertig?“, fragt die Mutter zurück. „Ich muss nur noch für den Lesewettbewerb üben“, erklärt Lisa. Die Mutter bohrt nach: „Und wann willst du das machen?“ Lisa erwidert: „Darüber habe ich mir noch keine Gedanken gemacht.“ „Dann bleibst du heute hier“, bestimmt die Mutter. „Du bist gemein. Die anderen dürfen alle“, jammert Lisa. „Die sind vielleicht auch besser in der Schule“, entgegnet ihre Mutter. Sie fährt fort: „Ich mache dir einen Vorschlag. Du übst jetzt den Text und liest ihn mir dann vor. Danach fahre ich dich zu Nele.“
„Super, vielen Dank!“, jubelt Lisa.
„Du kannst doch deinen Freundinnen den Text noch einmal vortragen. Das ist eine gute Übung vor Publikum“, schlägt die Mutter vor.
„Warum nicht, es ist sowieso eine Gute-Nacht-Geschichte“, bemerkt Lisa.

▶ Schreibe passende Verben zu den Begleitsätzen.

trösten | rufen | fragen | überlegen | loben

sagen | jammern | fordern | stöhnen

Ercan _______________ : „Kommt, wir spielen Brennball."

„Oh, nein! Ich mag Brennball nicht", _______________ Paula.

Timo _______________ : „Was sollen wir sonst machen?"

Lucia _______________ : „Wir können an der Kletterwand üben."

Paula _______________ : „Gute Idee, das macht allen Spaß."

„Wer ist zuerst an der Kletterwand?", _______________ Ercan und läuft schon los.

Lucia _______________ : „Warte doch, ich kann nicht so schnell laufen."

„Dafür kannst du am besten klettern", _______________ Timo.

„Das wollen wir doch einmal sehen", _______________ Ercan.

▶ Schreibe zu jedem Begleitsatz die passende wörtliche Rede. Denke an die Redezeichen.

Wer hat meinen Turnschuh gesehen?

Alex hat ein Loch im Strumpf.

Mist! Mein Schnürsenkel ist gerissen.

Das ist doch die Lüftung.

Mit Klettverschluss wäre dir das nicht passiert.

Dort hinten liegt er.

Ole fragt: ______________________________

______________________________, antwortet Pablo.

Jana flüstert: ______________________________

______________________________, kichert Pavel.

______________________________, stöhnt Lena.

Mira erwidert: ______________________________

____

Sätze würfeln

Anoki, Elan und Muna würfeln Sätze.
Muna ist an der Reihe. Sie würfelt.

⚀ Der Medizinmann	⚀ bastelt	⚀ einen Fisch	⚀ im Wald.
⚁ Der Adler	⚁ sucht	⚁ eine Maske	⚁ im See.
⚂ Der Junge	⚂ angelt	⚂ einen Knochen	⚂ im Zelt.
⚃ Das Mächen	⚃ findet	⚃ eine Schlange	⚃ in der Schlucht.
⚄ Der Hund	⚄ kocht	⚄ den Schatz	⚄ im Kessel.
⚅ Der Cowboy	⚅ sieht	⚅ einen Zaubertrank	⚅ in der Postkutsche.

▶ Schreibe die Sätze auf.

1. Auflage 1 12 11 | 23 22

Autorin: Cornelia Donth-Schäffer

Redaktion: Salomé Dick, Berlin
Herstellung: Claudia Rosch

Layoutkonzeption: know idea gmbh, Freiburg
Illustrationen: Friederike Ablang, Berlin; Martina Burghart-Vollhardt, Kamenz; Thorsten Droessler, Leipzig; Anke Fröhlich, Leipzig; Gisela Fuhrmann, Hannover; Carmen Hochmann, Bielefeld; Bettina Reich, Zwenkau; Friederike Schumann, Berlin; Marcus Wilder, Hamburg
Umschlagillustration: Anke Fröhlich, Leipzig
Satz: Druckmedienzentrum Gotha GmbH, Gotha
Druck: Plump Druck und Medien GmbH, Rheinbreitbach

Printed in Germany
ISBN 978-3-12-161028-0

9 783121 610280